Madame,
c'est à vous que j'écris

Alain Gérard

Madame, c'est à vous que j'écris

Albin Michel

22, rue Huyghens, 75014 Paris

ISBN 2-226-07592-5

« On peut presque toujours trouver une voie transparente pour exprimer des choses délicates ou transcendantes. »

Michel SERRES

« La parole est la seule chose que l'on puisse partager infiniment... »

Antoine VITEZ
(De Chaillot à Chaillot)

J'EUS cet hiver, en Bretagne, l'occasion de découvrir un texte écrit voici quelques années par une jeune romancière.

Après en avoir lu une vingtaine de pages, le souvenir me revint d'une femme élégante et blonde, parlant à la télévision, avec réserve, d'un livre qui, sans être autobiographique, évoquait sans aucun doute un temps de sa vie.

Je fus aussitôt envahi d'une curieuse sensation. Au plaisir de rencontrer les mots de cette femme en attente, amoureuse, passionnée, des sentiments de tristesse vinrent très vite se mêler.

Cet homme qu'elle attendait semblait ne pas exister.

Le récit ignorait la voix, le discours, les regards, les souvenirs de l'homme espéré. De brèves indications désignaient comme objet de passion un étranger rustique, trivial et muet.

Au moment de m'endormir, j'eus pour cet amant oublié une sorte de regret.

Il n'avait répondu que très partiellement à l'attente, mais aurait-il pu en être autrement ?

Était-ce une raison suffisante pour ignorer si fort ce valeureux artisan, cet *homo erectus* de circonstance, transformé en manuscrit, congédié sans faute grave, oublié déjà ?

Je pensais qu'il n'aurait pas aimé ce livre, qu'il aurait pu en être blessé. Il aurait pris ce vin d'amour pour un vin trop frais, encore refermé sur lui-même, attendant de renaître.

Le lendemain, au petit déjeuner, je fis part de ces remarques à mes amies.

Françoise et Marianne, étonnées de m'entendre réagir ainsi, me proposèrent, non sans malice, d'écrire une réponse, d'adresser une lettre.

Le défi m'amusa.

Une date limite fut imposée, j'acceptai la règle du jeu. Je conçus alors *Madame, c'est à vous que j'écris.*

Que cette femme à qui j'avais décidé de répondre fût une chimère m'apparut aussitôt. Le propos, initialement destiné à cette jolie Claire toute passionnée d'attente, s'adressait évidemment à toutes les femmes pour qui le corps, marqué de peur, d'effroi ou de désinvolture (ce qui revient au même), ne peut exister en continuité réelle avec l'amour.

Nous savons tous, pour l'avoir éprouvé douloureusement, que l'amour est une absence, la mise en scène, au tréfonds de nos vies, de l'attente incertaine de ce que l'Autre, un jour, nous donnera... peut-être.

Quoi ? Nous l'ignorons – ses mots, ses manques, son corps, ce qu'il n'a pas, ses souvenirs oubliés, ceux que, malgré notre tendresse, il ne découvrira jamais. Mais un jour, après une aussi longue attente, la promesse s'ouvre, libère une brume magique où les mots et les gestes enfin se rencontrent. Le rêve s'incarne, les amants, pour quelques jours, une saison, une vie, existent ensemble. L'amour naît, se bat, tente de survivre entre ce halo de futur qu'il engendre et le réel surprenant qui l'entoure, le nourrit et le blesse. L'Autre de l'amour n'est plus alors un rêve refusant d'être réduit à une simple attente, il existe et veut survivre à la passion qu'il suscite. Ce fut donc sans doute aux amoureux du monde que j'eus envie d'écrire.

A ma grande surprise, les mots sont venus vite. Mais les mots sont toujours là quand un amour commence ou se termine, quand une ombre s'en va.

Si chaque homme, en s'éloignant, emportait un cahier d'écolier, un crayon, une gomme pour effacer sa pudeur, il existerait, autour de nos villages, des montagnes de mots superbes et maladroits écrits par de faux rustres. Les jeunes filles hésitantes et pudiques viendraient les lire, les découvrir, les parcourir, les découper, les caresser, les toucher, les sentir.

Le soir, au bal, leur cavalier serait moins étranger.

J'AI rencontré votre livre, voici quelques semaines. Prague, que bien des mouvements agitent, avait sans doute préféré cacher un texte dont la lecture me choque. Une blessure profonde m'a, les nuits qui ont suivi cette lecture, privé de sommeil.

Quelques jours ont passé, pas ma colère.

Début août, j'ai décidé de vous parler. Changement de téléphone, liste rouge. Votre éditeur m'a dit que vous étiez pour deux mois inatteignable, en Amérique du Nord, je crois, avec vos fils.

J'ai voulu vous envoyer cette lettre. Puis

curieusement, soudain, je viens de décider d'écrire ce récit.

Nous nous étions promis de ne jamais rien livrer de notre secret. Puisque, usant de votre qualité d'écrivain, abusant de ma confiance, vous avez trahi ce serment, livré au regard du monde la copie édulcorée d'une rencontre qui brûla dix-huit mois de ma vie, et m'obligea ensuite à quitter Paris, j'ai le droit de vous répondre.

A mon tour de dire, même si je n'ai jamais appris. Ces mots que j'ai besoin d'écrire finiront bien par faire un texte, celui au moins de mon émotion. Un traducteur, peut-être, aménagera le reste.

Sur la couverture pâle, votre nom, vous, ma merveille, mon oubli impossible, dessiné en petites lettres noires, sagement obliques.
Pudique, réservée, presque cachée sur l'évidence discrète de cette passion simple,

rouge sur fond blanc. Élégante, mélange subtil de courbes et de droitures, de pleins et de déliés. Vous.

J'ai lu, j'ai tout relu très vite. Je cherchais une histoire, la nôtre. J'ai trouvé l'onanisme de l'attente. Cette longue nouvelle, Madame, ces soixante-seize pages imprimées, en nous résumant, nous détruisent.

Deux ans, seulement, déjà. J'allais en vous comme en une campagne, onde, montagne, océan, ombre, verger, monde, nuit, soleil levant, et vous n'en dites mot, comme si de la vie, seule l'attente importait. De ces deux années de bonheur incandescent, de vertige partagé, rien.

Aux lecteurs, et donc à moi, vous n'indiquez pas les rudiments de notre langue intime, les prémisses de notre espace partagé, les indices incertains, parfumés et tièdes de vous.

Je vous ai passionnément désirée. J'ai

aimé infiniment que votre désir s'accordât au mien.

Plus jamais je n'oublierai ces fractions indéchiffrables de temps auprès de vous. Pourquoi ne rien en dire ?

Depuis, nous nous sommes quittés et ces feuilles de livre sont mortes, sans se teinter au moins des couleurs d'automne qu'une fin d'amour apporte.

Il m'est arrivé comme à vous de jouir de cette attente, arc-bouté à l'instant, mais pas seulement de l'attente.

Ces moments de rencontre seraient-ils ineffables, seule l'attente serait-elle dicible ? Je ne le crois pas, je ne le veux pas.

Qui donc attendiez-vous ? Moi ? Un autre ? Un maître de musique buveur de bière ? Un monsieur de compagnie quelque peu désinvolte ? Un artisan de plaisir, étranger de surcroît ? Un maître de bâton ? Un serviteur habile ? Un page, peut-être ?

Alors, Madame, ce n'est pas moi que vous espériez dès ces jours d'automne où nous nous sommes connus.

Je ne suis pas cet homme sans âme, sans mots, sans rêves de vous, palpable mais inaudible, cet homme-là tout près mais virtuel, un homme d'une grandiose insignifiance, un moujik d'alcôve, la pièce manquante à votre échiquier de femme.

Si je n'ai été pour vous que cela, sachez au moins que la discrétion, la distance, la légèreté de ma présence et mon peu d'exigence étaient moins liés à ma personne qu'à la situation que vous imposiez.

Chez les gitans, l'homme fait la route. Je n'ai avec vous que suggéré les chemins, bien des chemins que votre cœur et votre corps ignoraient, mais dont ils se souviendront peut-être.

Ne rien imposer, ne pas obliger condamnerait-il à disparaître ? De votre discours, apparemment.

Ainsi dans votre livre, allant vous rejoindre, je ne pensais pas, je n'imaginais rien. J'étais un homme sans attente, sans espérance, une sorte de mammifère érectile.

Votre récit me détruit, il magnifie un homme inexistant, rendu vivant par votre seule attente.

Le manque, je vous l'accorde, appartient au désir, à moins que ce ne soit l'inverse. Il s'y inscrit de plein droit, mais en figure seulement le creux, le doux appel, la tendre et violente vacuité.

Vous avez aimé attendre. J'ai aimé venir, être là, partir, venir encore, et le récit de mes voyages en vous vaut bien celui de votre immobilité muette, pulsatile, rose et nacrée.

J'ai besoin, pour ne pas disparaître, de parler à mon tour, de vous, de moi, de mes visites, de ce lieu où vous m'avez si souvent reçu.

Du plaisir en ce lieu, vous ne dites rien. Absente au monde, sans mesure, vous vous y êtes confiée jusqu'aux lisières de l'anéantissement, vous vous êtes offerte sans souffrance, si ce n'était d'interrompre.

Que reste-t-il de nos heures ensemble, de ce désir péremptoire, autre vérité de nos rencontres ?

La générosité de ce désir vous rendait vertueuse. Plus je découvrais l'intimité de votre jolie différence, plus je vous trouvais belle. Ne l'avez-vous pas senti ? N'auriez-vous donc rien à en dire ? Est-ce à la seule attente que vous fûtes soumise ? Je ne le crois pas.

Nous avons brièvement et souvent traversé l'inaccessible, pourquoi le taire ? Pourquoi oublier la réalité, cette succession d'instants que je croyais précaire et qui, déjà, constituait une vie ?

A Paris, je ne vous ai rien dit. En repartant pour Prague, je me suis tu. Je parle mal votre langue, et ne presque rien dire participait à la magie de nos rencontres.

J'ai très tôt pensé que vous ne vouliez pas m'aimer, plutôt m'avoir. J'ai eu envie de vous parler de moi, de vous livrer mes lieux d'enfance, la couleur de mes jouets, l'histoire du cerf-volant... Je vous aurais permis sans doute de me garder en vous autrement, de me posséder mieux. Était-ce là votre souhait ? Je ne crois pas. Les mots de ma vie ne vous concernaient pas, vous vouliez autre chose.

Je l'ai su dès le premier instant. Votre trouble à croiser mon regard, le léger tremblement de votre main lorsque je me suis approché pour y poser mes lèvres, le sujet que je suis n'y était pour rien. Une image vous frôlait, une simple image, ou plutôt un regard. Vous étiez en ces lieux, inscrite dans votre vie, d'une beauté raisonnable. A vos côtés, un compagnon possible, âme élégante et racée, parlait avec sagesse et semblait forcer votre admiration.

Il fallut, pour unir nos regards, la disponibilité soudaine, imprévue, de tous vos sens ordonnés jusqu'alors autour de la raison. Vos yeux s'ouvrirent d'une manière étrange, la surprise et l'avidité se mêlant comme la demande insolente et sensuelle d'une femme heureuse d'être sans voile.

Votre chevelure, vos bracelets, ces boucles à vos oreilles continuaient d'écouter. Je vous entendis rire, mais vous n'étiez plus là.

A votre insu, un peu du destin venait de basculer, vous commenciez de n'être plus la même. C'est une autre que vous qui brutalement jouissait d'être vue ainsi, jouissait de se sentir me regarder si fort, si loin.

C'était bleu, brûlant, insistant, froid et tendre à la fois. Cette pénétrance aurait pu être de cendre, de braise, elle fut d'azur limpide et acéré.

Elle fut une convocation impérieuse, une

brûlure dissolvant la pudeur, une urgence, une exaspération qui durait.

L'homme à vos côtés n'avait rien remarqué de votre trouble. Il brillait pour lui-même dans l'élégance cultivée des mots qui caressent l'esprit. Il ignorait que cette habituelle volupté était devenue insignifiante, comme les murs, les lumières et les bruits.

Cette « absence » muette, condensée, réciproque, semblable, sans réserve bouscula, le temps d'un songe, l'ordonnancement de votre vie.

Puis, comme au sortir d'un rêve, les conversations, le décor, la réalité prirent de nouveau leur place.

Ce soir-là, je ne vous ai pas parlé. Au moment de partir, mon accent, en demandant abruptement le numéro de votre téléphone, pas même votre nom, vous a dit quelques bribes de moi. Votre affolement en griffonnant ces chiffres s'adressait à un étranger dont vous souhaitiez déjà sourdement, violemment qu'il vienne.

Je suis venu, chez vous, vite, souvent. Ensuite vous n'avez cessé d'attendre un homme que je ne suis pas, ou pas seulement. Vous me vouliez ainsi, je l'ai bientôt deviné. Je ne vous ai plus détrompée. J'ai fait.

Je n'ai jamais rien dit, même du plaisir, ni même de mon attente, encore moins de mon amour pour vous. Vous livrer ce qu'aujourd'hui je suis contraint d'avouer vous aurait déroutée.

Peut-être n'ai-je été que la somme de vos refoulements. La voix d'un oncle, l'épaule d'un lointain cousin, la démarche d'un père ont peut-être davantage fait pour votre plaisir que nos réalités.

Quand même n'aurais-je été pour vous que ce puzzle ardent, j'éprouve la nécessité de raviver aujourd'hui ce qui n'existe plus.

Il était nécessaire que je ne fusse pour vous qu'un visiteur privilégié, simple et fragile, mais qu'enfin, et presque miraculeusement, vous osiez recevoir. Vous le fîtes magnifiquement, avec toute la générosité de vos failles.

Mais vos reins, vos jambes, vos cheveux n'ont pas oublié.

Vous avez refusé de dire, et moi je me souviens.

Vous n'avez pas su à quel point votre force de femme a bouleversé ma vie. Je vais, cela, tenter de l'écrire.

Dessiner des phrases, ordonner un texte n'est pas mon habitude, vous le savez. L'indignation et l'amour m'aideront.

Je ne crois pas en Dieu ; pourtant, la rencontre de nos corps éveillait en moi des images de lumière, des sensations prophétiques, voisines du divin. Byron disait du bonheur qu'il était né jumeau. Nous fûmes parfois, dans le brouillard des spasmes, des jumeaux fondateurs. Les statues, les tableaux, aussi érotiques soient-ils, ne dégoulinent jamais. Et l'écriture ? Pourquoi faudrait-il se taire quand les ventres se mouillent ?

Je voudrais, Madame, poémiser, non pas l'attente, mais la présence du désir.

De cette attente dont vous faites un livre, vous ne dévoilez qu'une face. Vous décrivez ses temps, ses mécanismes, et vous omettez le corps même de l'attente, la force intérieure énorme, violente, accumulée au cours des heures qui précédaient nos rendez-vous, la sensualité sourde, profonde, progressive, jusqu'au moment de la rencontre.

Vous saviez que j'allais venir. Votre corps, plein de cette certitude absolue, se préparait. Pendant ce temps, vous choisissiez des toilettes, des fruits pour notre soirée. Votre ventre vivait déjà.

Changer les draps du lit, mettre les fleurs dans la chambre, imaginer dans quelle pièce nous ferions l'amour était déjà le faire, en ressentir dans le corps les effets.

Vous n'aviez pas à me l'expliquer, je le percevais physiquement, à l'instant de vous voir.

L'attente, c'est vrai, vous rendait belle. Derrière la brume de votre regard, une vivacité extrême faisait briller vos yeux. Vous étiez sans mensonge, belle du désir qui vous tenait et que vous ressentiez en moi.

Mais pourquoi mentir aux lecteurs ? Si vous écrivez un livre sur l'attente, dites-la tout entière !

Sans doute, et vous n'en avez rien perçu, ai-je senti très vite l'harmonie que votre application soigneuse composait pour nos rencontres.

Vous étiez disposée dans ce décor. Un rapport de couleurs, un vase déplacé, l'orientation d'une table sollicitaient mon instinct. Vous saviez ordonner cela. Je le percevais. Je ne jugeais pas utile d'en faire la remarque.

Je n'ai pas dit non plus combien, autant que de vous voir ainsi parée, votre désir à le prévoir, votre application à le réussir me bouleversaient.

Comme vous, j'ai attendu, des heures, avant de pénétrer votre royaume. Dans mon bureau, dans ces salles climatisées où le reflet des tours agrandissait le ciel, j'étais déjà près de vous.

Mon dossier de cuir noir s'imprégnait de votre parfum, le marqueur sur le tableau de papier crissait comme vos bas, les chiffres se déformaient, dessinaient les bulles du champagne que nous allions boire.

Vos yeux pleins de ciel, vos épaules de sable blanc effleurées de sueur envahissaient mes heures.

Il m'arrivait, avant de vous rejoindre, de relire les poèmes de mon enfance et de mon pays.

Les voyages vers vous, Madame, ne commençaient pas à l'ouverture de votre porte, mais dans cette voiture, dont vous vous moquiez et qui me conduisait vers vous.

Il m'était difficile de bien vous dire tout cela. Vous ne compreniez pas ma langue, je parlais mal la vôtre. Aujourd'hui, je veux, avec mes mots, vous dire mon existence.

Je mis un certain temps à comprendre votre jouissance de l'attente, ce délicieux supplice jusqu'à l'heure attendue, contenue, exigée. Comment cette certitude que j'allais venir, que je le voulais, que je vous voulais, vous et pas une autre, générait une force superbe, inattaquable, indestructible, vous faisait maîtresse du monde.

Rien ni personne ne pouvait empêcher le libre déroulement de cet événement que vous aviez décidé, mis en scène, en couleurs, en images, en odeurs même.

Et cette ivresse absolue, transitoire, de la certitude, cette belle et forte vérité de femme, tellement aimée, tellement assumée, pourquoi ne pas la dire ?

Lorsque je vous rejoignais à ces heures inattendues de la journée, entre deux réunions, je le voulais, bien sûr, vous le vouliez aussi fortement, intensément. Nous étions là, réunis, à nos corps acceptants.

J'aurais admis votre silence s'il était resté total.

Pendant que vous viviez ces temps d'attente, les autres ne savaient pas et ne comprenaient rien. Un secret vivant, distrait, souriant, faisait ses courses, préparait sa passion comme on écrit un livre, comme on fait un bouquet.

Mais alors, il fallait vous taire, garder cela en vous, ne pas livrer au regard et à l'indiscrétion la seule partie jugée racontable de votre plénitude.

L'attente, en occupant vos pensées, irriguait votre ventre d'une passion simple. C'est aussi cela. Mais l'homme qu'on attend n'a-t-il pas le droit de penser ?

Je n'en conçois nulle autre amertume que celle de votre silence. D'autres hommes surent provoquer en vous le plaisir, certains le feront encore, je ne les jalouse pas.

Notre histoire fut ailleurs, au-delà.

Nous eûmes ensemble, au plein cœur de l'hiver, des silences différents, des temps lumineux qui furent ceux de l'innocence.

Je n'écris pas par vengeance, par dépit peut-être. Dépit de n'avoir pas permis à l'amante merveilleuse, que vous fûtes pour moi, d'être fière de ses débordements de femme.

AVANT, avant notre aventure, j'ai aimé d'autres femmes. Trop vivement, peut-être.

Du souvenir de ces rencontres émerge le plaisir de moments consentis mais toujours un peu volés. Il fallait insister, vaincre.

Vous m'avez au contraire accueilli, voulu, chez vous, dès le premier moment. Votre regard à lui seul dessinait l'envie que vous portiez en vous.

Pourquoi moi ? Je ne le saurai jamais.

Vous portiez une blouse de soie. Les carreaux rouges et bleus sur fond blanc laissaient deviner une poitrine que je m'étais amusé à imaginer la veille.

La jupe bleu marine, les escarpins noirs, les cheveux soigneusement peignés donnaient de vous l'image exacte de la décence.

Derrière les mots insignifiants de votre accueil, une incroyable certitude émanait de vos gestes. Plus tard, à chacune de nos rencontres, cette vérité des mouvements m'étonnera.

Je me souviens sur la table, avec le thé, le flacon de miel. Vous m'aviez expliqué que votre préférence allait au miel de tilleul ou de bruyère.

Le téléphone avait sonné, vous étiez partie répondre, et contre toute attente, je m'étais endormi, là, chez vous. L'initiative vous revenait, le visiteur était sans barbarie, sans risque, il dormait comme un enfant.

Son rêve fut un rêve de mer. Sur une plage, un enfant, tenant un ballon, courait sous les arcades d'un aqueduc. Il s'arrêtait soudain. Les courbes dans le ciel dessinaient un croisement pur, dont les lignes convergentes évoquaient le plein-cintre des abbayes cisterciennes. J'aime le sud de votre pays.

En m'éveillant, je vis votre nuque. Penchée vers la fenêtre, vous arrosiez silencieusement les plantes qui ornaient la pièce où je m'étais endormi.

La caresse de votre main sur mon front fut une évidence, le geste simple d'un amour déjà là.

J'ai oublié ce premier jour. Je n'en parlerai plus. L'exigence du vrai n'oblige pas à tout rappeler.

Si je n'ai nulle honte à évoquer ce que furent nos actes, je devine, dans cet oubli du premier jour, les frontières du dicible, propres à chacun. Et si je tiens à en dire plus, c'est au nom de la féminité belle, énigmatique, forte et vivante que vous portiez en vous et que vous m'avez, dans l'union de nos sexes, permis d'aimer et d'admirer pour ce qu'elle est.

Votre livre, au contraire, est une cicatrice, l'aveu violent qu'au jaillissement chaud de la vie vous auriez préféré l'attente du jour. Une femme doute infiniment de cette réalité-là. Son temps est-il celui de l'attente ou de la mort ?

Nous eûmes, et vous les oubliez, d'immenses temps ensemble, des échappées superbes vers le Midi ou vers le froid. Souvenez-vous ! Le Jura, la route du retour, Noël en février, soleil de minuit dans une cahute, au bord d'un chemin, vous, dénudée, si près de la neige, votre sourire en me voyant embrasser votre ventre clair dans la pénombre. Vous étiez si belle que je n'ai pas senti le froid.

Nous en eûmes d'obscurs. Le bruit des balles à travers les fenêtres ouvertes, les applaudissements des spectateurs, les terrains de tennis tout près, écrasés de soleil. Ne pas sortir, n'être pas reconnus.

Pourriez-vous oublier cet orage opportun des Tropiques ? La peur décuplait vos exigences. Les éclairs, en illuminant les mornes, coloraient votre regard de folie, de terreur et d'ivresse. Votre voix même en fut changée, plus grave, insistante. Le tonnerre alourdissait votre corps.

Une amie vous avait prêté son parfum. La cannelle, le rhum peut-être donnaient à votre sueur un goût de métissage.

Jouissiez-vous, ce jour-là, de l'idée de déchirure, de violence subie, d'assauts imposés ? Vous le pouviez d'autant plus qu'aucune privauté ne surgissait directement.

Chaque étape interrogeait d'un geste votre volonté de poursuivre. Votre confiance, presque sans limites, savait que les assauts de l'envahisseur n'étaient donnés que pour vous plaire.

Je me souviens d'instants où le doute surgissait. Un regard dérouté, incertain, sans repère m'interrogeait soudain. Qui était cet homme sur vous, en vous ? A quoi, à qui étiez-vous à cet instant entièrement livrée ? Des étoiles d'effroi dans une houle ample. Il fallait arrêter, suspendre. Il fallait parler, dire des mots, laisser les morceaux du corps se rassembler.

Après l'orage, au crépuscule, le cri des mouettes s'était éloigné. Un silence presque total avait envahi notre chambre.

Ordonner mes souvenirs est difficile, votre oubli est plus reposant.

Un matin éclaire ma mémoire, votre agenouillement, fleur ouverte sous un jardin ombreux, confiant, intime, accueil, plénitude, rondeur de lumière pâle, épanouissement immobile et tiède.

Sans violence, je tenais vos chevilles, de simples pressions, des effleurements sur vos malléoles tendaient ou relâchaient vos muscles attentifs, reposés, presque impatients.

Ma dureté ne vous inquiétait pas. Elle était vôtre. Vous en disposiez. Votre regard me manquait.

La découverte en vous, chez une même femme, de cette fragilité des formes, de l'apparence du discours annoncé et, simultanément, de cette force interne immense fut un bouleversement.

Dans l'amour vous jouiez comme une enfant avec la mer, plaisir de prendre en vous mes mouvements et mes vagues, de les retourner, de vous en remplir.

Vous vous renforciez de cette puissance reçue et provoquée. Des ondes majeures peu à peu vous submergeaient de vagues concentriques, m'attiraient en vous vers un bleu de légende, vers votre mer d'Iroise.

Vous avez aimé ma manière de prendre possession de vos lieux. Vous aviez su dès le premier regard que je vous conviendrais. Une fragilité évidente, une sensibilité, que l'on devine et que je cache peu, vous rassuraient.

Je portais certains signes que les femmes perçoivent, aiment ou détestent. Cette expression vous plut.

Dans ces moments si vrais, j'étais en vous. Vous étiez sûre, absolument certaine de me posséder. Je n'étais plus inaccessible, nous étions en direct, tout le temps.

« Je te veux. Je te veux à moi. Je ne veux pas te quitter. Je ne veux pas te perdre. »

Un jour, vous avez pleuré. Comme je demandais si c'était à cause de moi, j'entendis : « Non, pas à cause de vous, grâce à vous. » Vous voyez, comme si quelque chose vous avait été donné, puis soudain repris et que vous restiez seule, même dans mes bras.

Cette douleur muette, peine de grande chez une enfant petite, j'acceptais de ne pas y répondre, de ne pas comprendre, de ne pas expliquer, de n'en rien pouvoir dire. Au moins je me taisais, caressais vos cheveux, vos mains, votre front. J'étais là, sans mots, mais sans honte de ne pas répondre.

Aujourd'hui, si loin de vous, au milieu de cette nuit d'écriture, vous me parlez.

« Je t'aime, ouvre tes yeux, fais-le-moi, fais-le-moi encore, fais-le-moi fort », disiez-vous de cette voix inquiète et décidée.

Je ne vous ai rien demandé, rien imposé. Ma réserve vous permit d'exister, de décider, d'agir. Alors, assurée de la douceur, maîtresse du jeu, vous suscitiez de nouveau ma force, provoquiez mon éveil. Nos noces reprenaient.

J'aimais plus que tout votre résignation joyeuse et fatiguée à recommencer. Vos bâillements, en dérangeant vos cils, changeaient votre visage.

« Je t'aime, je t'aime, je t'aime. » Appel profond à ce qui est déjà là, pour qu'il y soit plus encore, comme s'il ne devait jamais disparaître, jamais repartir. Prière au monde, aux lisières du vide, prière vaine ainsi que toutes celles qui importent, mélopée incertaine, venue du fond des âges et de vous-même.

Ensemble, nous étions sans mots, sans division, et si nos vagues internes séparaient quelques instants le corps hermaphrodite que nous formions, une grâce impatiente recomposait bientôt une forme commune, vigoureuse et lasse.

Votre vie, la mienne avaient été baignées de coupures. A deux, le cœur est plus tranquille, le monde moins violent.

Nous nous sommes bus, aspirés sans retenue, sans le vouloir, dans le pacte évident qui scelle une rencontre.

Vous refusiez de nommer les saveurs que vos lèvres apprenaient à aimer. Non dites, elles étaient à vous seule.

A vous aussi, dans le plaisir, cette voix pourpre, le chant apaisé d'une fêlure, les cris d'appel à revenir encore, une presque douleur.

Les tourmentes du ventre devenaient des volutes de notes rondes et nacrées. Un ruissellement d'étoiles tièdes, invisibles, salées, m'envahissait. Vous aimiez recommencer. Cette insistance me ravissait.

Appel tranquille et fort comme celui d'un peuple pour être reconnu.

Vous n'aviez, pour vous montrer au monde du désir, nul besoin de licorne. Vous portiez là, magnifiquement souple, un retrait qui jamais ne fut plus triomphant, plus actif.

Cette contenance légitime que vous me fîtes partager si souvent, j'aurais aimé que vous en soyez fière.

NOUS adorions ces moments d'amour où nous étions Dieu pour un temps.

Ce corps dans la pénombre des heures où vous me receviez, j'en ai, baladin silencieux, parcouru toutes les routes, franchi les innombrables collines que vos mouvements faisaient naître. Ces flocons de vie à pleins bras, à pleines jambes, qui inventaient des bonshommes de neige et de plaisir.

Vous portiez, les premiers temps, de superbes bijoux. Ma manière d'en éviter le contact vous fit comprendre mon peu d'attirance pour ces objets vénaux.

Un jour, je vous offris un collier africain. Le brun de ses anneaux sur la soie tendre de vos seins me parut d'une infinie beauté. Ensuite, vous le portiez toujours.

Un soir, nous inventâmes le gage de la sirène.

Vous aviez, en dînant, renversé le vin de votre verre et rappelé qu'étant enfant vous étiez punie pour cela.

La punition fut, dans l'amour, de n'avoir pas le droit de desserrer vos jambes. D'un mot, je vous tenais immobile, citadelle livrée et encore hésitante, comme si l'amant vous surprenait toujours, même s'il ne vous forçait pas.

Prisonnière par jeu, intérieurement ravie, palpitante sous les effleurements de lèvres, de dents, vous pouviez rire. L'amour comme à seize ans quand le péché est proportionnel à l'écart des genoux.

Je frôlais vos reins, j'étais en vous. Il me semblait parfois qu'entre ce sexe et mes mains sur vos hanches, il n'existait qu'un espace infime et dense.

Et le jeu finissait et vous redeveniez femme. Ces écarts de vos jambes, je les avais rêvés, dévoilés, dénudés. Vous étiez belle en victime triomphante. Ni honte ni humiliation dans votre regard, seulement une douceur étrange. Corps confiant de femme souple, abandonné à vous-même et à moi, infiniment détendu, offert, chant d'absence, attente, humidité de porcelaine, reflets ambrés, enclave dans la forêt, jambes que vous laissiez à découvert, abandon superbe, Notre-Dame du plaisir.

Et puis ce ventre, ce geste à ma rencontre, couleur du désir, gonflé. Vous étiez la lumière, une vérité forte, la sève tiède d'un arbre-fleur.

Embrasser ce calice, qu'un geste trop ardent venait de rudoyer un peu, goûter à pleine bouche le ciel de votre ventre.

A vos yeux, à votre bouche, à ces perles de sueur sur vos jambes, à la femme qui pour moi permettait ces instants, je criais intérieurement : vous êtes belle, belle comme jamais, comme toujours, belle d'instants et d'éternité.

Je n'ai pas choisi l'habileté. Mes gestes, quand ils vous plurent, furent guidés par vous, le hasard ou l'amour.

Votre plus grand peintre français, Cézanne, disait : « Chaque fois que je pense, je peins mal. »

Je ne fus pas Cézanne, mais dans vos bras, si j'ai beaucoup pensé à vous, je n'ai jamais pensé à ce que j'y faisais.

Ici encore, pourquoi mentir dans votre livre ? Ces *Techniques de l'amour physique,* vous ne vous êtes pas contentée de les feuilleter dans une grande surface, vous les avez achetées. Je les ai vues chez vous.

Nous n'en eûmes, je crois, nul besoin, l'inspiration vint d'elle-même, comme avant Gutenberg.

Madame, c'est à vous que j'écris

Dites-le, ce fut une belle histoire.

Quant à cette distance, qui semble-t-il vous fascinait, cette distance que j'aurais tenue par rapport à vous, ce sourire que vous paraissiez craindre, il n'était ni voulu ni souhaité.

Je fus seulement perdu dans cet alphabet sensuel, parmi ces voyelles ouvertes que votre corps, en son désir violent, me faisait découvrir.

Pris dans la toile soyeuse du désir que vous provoquiez, je fus sans doute pour le coup quelque peu étranger.

Il est trois heures. Je viens de vous écrire comme si le temps ne devait pas finir.

Vous adresser ces mots, cette nuit, sera sans doute notre ultime rencontre. Je le savais en commençant.

On arrête les mots comme on s'arrache au corps. Il ne faut ni devancer l'adieu ni anticiper le vide.

Faire l'amour, c'est déjà se quitter. C'est pour cela, peut-être, qu'à l'acte vous préfériez l'attente. Puisque vous dites préférer l'attente. L'un n'existe pas sans l'autre. Nos nuits furent belles parce que le soleil se levait.

Ces pages, je l'espère, effaceront en partie la vive incomplétude que notre séparation puis la lecture de votre livre suscitèrent en moi.

Nos moments ensemble, ouverts, furent des temps précieux, loin du mensonge, au-delà des parures.

Le destin, un temps, avait soudé nos yeux, nos corps, nos ombres. Mais je crois que le mot « toujours » n'existe pas pour vous.

Il y eut des fêtes, nombreuses, belles et chaudes, que mes matins n'oublieront pas.

Nos heures avaient le temps des songes, immobile puis soudain vertigineux.

Je me suis toujours méfié des jouissances hâtives. Vous fûtes une planète progressive.

Le jour va se lever, et le temps s'accélère. Cette lettre et notre histoire vont finir ici, comme une respiration qui se tait.

Je voudrais prolonger le temps, écrire

encore pour, une dernière fois, ne pas vous quitter vraiment.

Mais un souvenir revient, me dérange, s'impose. Autant l'écrire, finissons-en. Le moment est venu de la désaccoutumance.

Je vais devoir aussi oublier votre voix, ces empreintes vocales au creux de la mémoire, ces sonorités soyeuses, le souvenir de votre rire, les presque silences des moments de gravité.

Vous dire « je t'aime » eût été jeter l'ancre, m'arrimer à vous, geste rare, pour ne pas dire unique.

Un jour, votre fils est venu. Nous étions dans votre cuisine. Votre gêne m'a étonné. Ainsi donc, vous pouviez être honteuse, honteuse de ce désir fou, juvénile, et superbe.

J'ai connu vos déchirements, votre vérité et celle plus belle encore de vos contradictions les plus intimes. Mais de ce jour, vous ne fûtes plus jamais mienne.

Messager de vous-même, incarnant une part étrangère et qui pourtant vous appartenait, il était indispensable que mon existence charnelle demeurât invisible aux autres.

Je ne revins plus dans la grande avenue bordée d'arbres. J'ai vécu ce congé comme une fin expiatoire. Vos privautés furent en deçà des mots, votre jouissance non dicible. Tout cela ne fut donc, d'une certaine manière, jamais là, ce qui en interdit l'oubli.

Nous avions, du désir, fait langue commune, sans rien en dire. En amour on ne demande rien, ou tout. Vous aviez exigé tout et rien, charge à moi de survivre.

Un soir, l'envie me vint de disparaître vraiment. Votre soudain silence, violent, imprévisible, inacceptable, me laissait sans vie. L'abîme, immense lointain et proche derrière les fenêtres, le manque de vous, brutal, presque insultant me firent espérer pour ma vie une fin inutile et secrète. Mon corps à jamais séparé du vôtre rejoignait un néant sans trace ni souvenir.

Cette nuit-là, limite du vide, une musique ancienne écoutée sans relâche, comme un corps qui respire, tissa minute après minute le fil sonore d'une survie.

Avec vous, quelques mois plus tôt, nous avions vu, vécu, entendu un chef-d'œuvre, dont la musique n'avait plus quitté mon cœur.

Vous m'aviez, un après-midi de neige, près du Luxembourg, proposé de revoir *Les Amants* de Louis Malle. Ce film, je le devinais, appartenait à votre histoire. Je pris comme un privilège qu'il vous fût agréable de le redécouvrir avec moi.

Ainsi, des années plus tard, ce sextuor sublime emplit de nouveau votre corps et le mien de ses vibrations profondes et fortes. Dans un même lieu sombre, l'adolescente tranquille, en attente et chemisier blanc, avait pressenti, voici quinze ans, qu'un jour, comme à l'image, son corps s'entrouvrirait lentement pour les lèvres amoureuses d'un homme silencieux. Violons, altos et violoncelles avaient affolé de leurs exigences subtiles un sens dont vous ignoriez alors le terrible et merveilleux pouvoir.

Plus tard, près de moi, vos jambes, vos seins, votre ventre s'étaient laissé saisir par les ondulations des cordes qu'un archet invisible faisait se croiser, s'éloigner, s'enchevêtrer encore.

Un Brahms de trente ans, beau, romantique et sérieux, compositeur sublime, pianiste de taverne dans les rues de Hambourg, amoureux à mourir d'une femme interdite, avait inscrit à jamais sur une partition le chevauchement magique des corps amoureux, lui qui ne la posséda pas.

Cette musique ensuite dans votre chambre fut souvent la nôtre. Son andante impérieux et lascif demanda, à votre place, en votre nom, ce que Clara Schumann sans doute ne voulut accepter.

Madame, c'est à vous que j'écris

Tout au long de cette nuit, j'ai écouté cette musique comme un hymne de passion. Jusqu'à l'aurore où la mémoire sonore de nos rencontres me permit de supporter une absence que je savais définitive.

Au matin, je compris qu'il me fallait partir, sauver ma vie, en oubliant la vôtre. Essayer du moins.

Je m'étais, vers la fin de la nuit, interrompu pour vous lire une nouvelle fois. Les heures sommeillent. Ces feuillets d'une lettre à venir atténuent ma peine mais ne l'apaisent pas.

Je découvre vos notes au bas de certaines pages :

« Cet homme continue de vivre quelque part dans le monde ; je ne peux le décrire davantage, fournir des signes susceptibles de l'identifier. Il n'a pas choisi de figurer dans mon livre, mais seulement dans mon existence. »

Je ne crois pas, Madame, avoir jamais

décidé ni choisi de partager votre existence, pardon d'y figurer « seulement » ; l'envie m'en vint plus tard quand je vous connus mieux.

Je voulus encore moins exister dans un livre dont j'ignorais qu'en m'attendant puis en me retrouvant, en vous séparant puis en me rencontrant, vous accumuliez, sans le savoir, les signes et les mots. Il vous a donc absolument fallu l'écrire. De ce qui ne fut, dites-vous, même pas une histoire, vous avez levé le code. En écrivant, vous avez séparé.

Je viens de rechercher dans l'épais dictionnaire étymologique, légué par ma grand-mère maternelle, l'origine du mot « secret » :

– *Secretum* : le filtre, le tamis ; *secernere* : action de trier, d'écarter.

Le filtre de votre travail d'écriture, en offrant aux lecteurs les mots de l'attente, vous en a détachée. Vous avez retenu en vous ceux de la chair. Votre récit voilé efface deux mémoires : celle de nos corps et celle de l'existence réelle d'un homme poursuivant sa vie, comme vous l'indiquez, quelque part dans le monde... à Prague, vous le saurez bientôt en me lisant.

Notre télévision a diffusé cet hiver un film japonais magnifique et troublant : *L'Empire des sens*. Allez le voir, vous y retrouverez la beauté de l'acte, la folie primitive de la scène. Dans les dernières images, la femme, hagarde, achevant une fuite insensée dans le désir, tranche le sexe de son amant, emportant avec elle un morceau de chair devenu inutile.

Choisissant d'oublier qu'un homme ne se réduit pas, même s'il le craint parfois, à la protubérance oblongue qui orne les statues, taisant la part la plus crue de notre vérité, vous l'avez affaiblie. J'ignore l'illusion merveilleuse et dérisoire que fit naître en vous notre rencontre. Je comprends aujourd'hui, en vous relisant mieux, qu'il eût été intolérable qu'un événement quelconque, extérieur à vous, puisse l'interrompre soudain. Passion, attente d'une fin inconnue ? Comme si, en amour, la seule et unique inscription, vitale ou mortelle, était celle de l'arrêt. Votre texte ne serait donc ni témoignage, ni confidence, ni manifeste. Il ne serait pas davantage le récit d'une histoire, le roman d'une liaison. Il serait une sorte d'inventaire scrupuleux de la présence-absence, du là-pas là, un jeu de la bobine dont personne ne saurait qui tire la ficelle.

Ainsi, je fus des mois durant l'objet d'une passion qu'il vous devint, dans une suite logique, après mon éloignement, nécessaire d'écrire, en y effaçant ce qui suivait l'attente.

Mais l'attente, Madame, est une vie sans risque, le souvenir intemporel de tous les possibles, de toutes les promesses, l'espoir que nulle séparation n'existera jamais. Les jeunes filles attendent, repliées sur ce creux délicieux qu'elles espèrent et redoutent ouvrir, le moment venu, à l'homme, à un homme, à leur homme.

Premier homme d'une fille ? D'une femme ? Premier homme à tout jamais interdit et si longtemps espéré. Premier homme surgissant pour vous dans l'éclat d'un regard, dans l'éblouissante liberté d'un geste, en marge de la vie consciente.

C'est de vouloir comprendre qui précipite le destin, et si je fus avec vous d'une vérité absolue je le dois à mon silence, le silence de l'homme qui ne cherche pas à savoir, ne demande pas ce qui, miraculeusement, vous liait à moi.

Je fus, en toute lucidité, un amant sans danger. Mon métier, ma qualité d'étranger, marié solidement depuis dix ans, vous assuraient d'une évidente certitude : rien ne changerait jamais. Cette folie ensemble, cette jouissance mille fois revécue n'envahiraient pas la réalité de votre existence. La dépendance que vous avez instaurée ne se perpétuait que dans les limites imposées : appartenir à peine à la réalité de votre vie, demeurer caché.

Que votre fils m'ait découvert un après-midi auprès de vous ne peut à soi seul expliquer la violence de votre décision de rompre. C'est une autre scène qui fut ce jour-là surprise.

Quelle peur vous a saisie soudain ? Quelle limite n'avez-vous pu franchir ensuite ? Quel regard, au-delà de celui étonné de ce jeune homme, vous a littéralement interdite ?

Votre récit s'ouvre par un court préambule. Vous y indiquez que cet été, après notre séparation, donc, vous avez pour la première fois regardé à la télévision un film classé X. Assise, seule, vous avez regardé longuement le sexe de la femme, le vôtre, ou quelque vulve mythique, humide, brillante, visible, dites-vous, dans les scintillements de l'écran. Il y eut un gros plan, vous avez vu le sexe de l'homme en érection pénétrer cette femme, la prendre longtemps, encore, et ces deux-là s'arrêtèrent. L'homme reprit son sexe, refusant de féconder. A l'origine du monde, il préférait le monde déjà là, une éjaculation stérile, à l'extérieur du ventre.

« Il m'a semblé, écrivez-vous, que l'écrit devait tendre à cela, cette impression que provoque la scène de l'acte sexuel, cette angoisse et cette stupeur, une suspension du jugement moral. »

Je connais trop le monde pour ignorer ses ruses.

Ma déception est ailleurs et en vous écrivant, au fil des lignes, je l'appréhende mieux.

Si vous évoquiez, sans le décrire, le plaisir, il n'était pas légitime de nous scinder ainsi. Vous écrivez, dites-vous, sans ironie ni dérision. Je vous connais honnête et je vous crois, le mépris du trait est donc involontaire.

Les hommes souvent, pour survivre à leur enfance, ne cessent, leur vie durant, de dissocier la femme. Incapables de faire exister en une même Dame la mère de leurs enfants et la femme de plaisir, ils partagent leurs amours.

Encombrée et ravie par le tumulte de vos sens, vous avez dû, impérativement, m'imaginer sans poésie, sans tact et sans amour : seul un rustre pouvait, quelques heures par semaine, régner sur votre alcôve. J'eusse aimé de vous, Madame, plus de perspicacité quant à la qualité exacte de ce qui vous a retenue.

Du journal *Marie-Claire,* vous mentionnez l'interview d'une adolescente évoquant avec rancune les amours de sa mère :

« Les amants de ma mère n'ont servi qu'à la faire rêver. » Je ne crois pas, Madame, vous avoir plus qu'un autre fait rêver. Autre chose entre nous s'est tissé puis défait, un lien plus violent a traversé ces heures. Il fallut à votre amant, pour vous aimer ainsi, bien d'autres sentiments intimes que ceux que vous prêtez à A. : il fallait qu'il vous aime.

Si je ne vous ai jamais écrit de lettre, ce ne fut pas, comme vous le suggérez, par peur de mon épouse, mais par honte de ne pas bien connaître la langue française. Cette nuit, sans retenue je vous écris avec mes mots.

Quant à la voiture puissante que vous m'attribuez, c'était un véhicule de fonction, choisi par ma hiérarchie. Qu'elle fût rapide et confortable me plaisait, je ne crois pas différer en cela des hommes de votre pays. J'ai, depuis mon retour ici, une Skoda plus modeste et j'y pense assez peu.

Enfin, vous évoquez mes départs. Je me rhabillais, dites-vous, tranquillement et cela vous étonne. Il m'était, Madame, bien difficile de vous quitter ainsi, sans transition suffisante, sans accompagnement. Il n'existe pas, je l'ai souvent regretté, de manière élégante de se rhabiller. Il m'eût été plus doux, après l'amour, de m'endormir en vous. Ne l'auriez-vous pas deviné ?

Si mes amis français réussissent, de ces pages, à faire un livre, il vous sera bien sûr adressé.

Votre éditeur et vous-même devrez peut-être donner votre accord, je ne connais pas les usages.

Ce que j'ai écrit ne vous plaira peut-être pas, tant pis.

Écrire est prendre un risque. Je ne me relirai pas. Je crois avoir dit ce que je pensais, bien d'autres choses aussi. Tant mieux.

Dans un paragraphe, vous demandez si votre but, en écrivant, n'était pas simplement de susciter une réponse, comme si vous attendiez que d'autres parlent de l'attente.

J'ai, avec mon corps, mais aussi avec mes mots répondu à la vôtre.

Nous n'avions pas épuisé notre capital de désir.

Après notre rupture, je fis très vite la demande d'un poste pour une autre capitale. Aucune possibilité rapide ne s'offrant, je décidai, en accord avec ma famille, de regagner Prague, ma ville natale, où je vis aujourd'hui.

UNE amie, depuis Paris, m'informe à l'instant de la publication probable de ces mots que j'écrivis pour vous voici quelques semaines. Quatre femmes et trois hommes, réunis en comité, viennent de décider que cette intimité devait paraître.

J'en suis fier... pour nous.

Nous ne connaîtrons jamais la douce tendresse d'un couple vieillissant. Au moins conserverai-je dans ma bibliothèque et au fond de ma mémoire l'union de nos mots différents.

Je m'habitue à ma nouvelle vie. Je travaille à la Maison des arts appliqués, dans la galerie qui unit la rue Charvátova à l'avenue Národni.

Je tente, comme vous l'écrivez, d'y continuer mon existence, sans détermination excessive, vous le savez. Cette vie n'est pas une œuvre, ne l'a jamais été et ne le deviendra pas. J'aime vivre, c'est différent. Vous aviez, au temps de nos rencontres, compris cet appétit d'existence, ce plaisir naturel de vous goûter et de vous voir : ce ne fut pas la construction d'une œuvre.

J'aime mon bureau, les angles arrondis de ce bâtiment des années trente, la clarté de l'acier, la transparence du verre et de ma vie nouvelle. Ma demeure est voisine.

Depuis l'enfance, j'aime l'air vif, le vent, le froid qui irrigue les poumons, l'odeur du fleuve sous les piles du pont Charles, le parfum indéfinissable de l'air au printemps, le goût des framboises dans les bois autour de

Prague. J'aimais, depuis la tour du Beffroi, lorsque mon père m'y emmenait contempler un horizon sans limites, m'imprégner du désordre de ces rues, en bas, visualiser le labyrinthe immense de ma ville.

A l'école, j'ai aimé la géométrie, dont je comprenais en un instant les lois. Cette géographie des lignes m'était familière, comme la logique des lieux, les forces d'un dessin ou d'une sculpture.

Plus tard j'ai aimé, à travers les hublots de l'avion, un gobelet de café à la main, admirer là, au sol, la surprenante beauté des traces qui ordonnent le monde. Chaque vol m'évoque le souvenir du petit Nils et de ses compagnes sauvages, de ces oies légères et fortes qui l'arrachèrent, à peine sorti de l'enfance, à la pesanteur et l'emmenèrent, à travers son pays, au-delà de ses collines familières, en suivant les rivières, vers le sud, loin des murs où les hommes se guettent, se cognent, s'aveuglent et se limitent.

Ensemble, à travers d'autres paysages, nous avons vous et moi, de voyage en voyage, d'heures en instants, effacé des limites différentes.

Bientôt, à la nuit tombante, je marcherai sous la neige dans la ville de mon enfance. J'y ai joué naguère des heures durant. J'en connais les mille couloirs, ruelles, galeries, caves. Chaque écolier portait, enfoui au fond de sa poche, les plans secrets de ce dédale qui entourait l'école.

J'aurais pu, si vous l'aviez voulu, parler des heures de cette étrange ville. Vous dire qu'en tchèque « passage » est un mot féminin qui s'écrit *pasaz*.

Vous auriez pu vouloir m'entendre.

Je fus sans doute, dans votre vie de femme, d'une rive à l'au-delà, un simple passeur, anonyme, qui aujourd'hui vous parle.

Madame, c'est à vous que j'écris

A l'entrée de ma maison, sculptée dans la pierre, figure une licorne ; les anciens nomment encore ce lieu *U Bileho jednorozce,* « La licorne blanche ».

CETTE nuit, au milieu de mes vacances en Toscane, je viens de corriger les épreuves de ce livre aujourd'hui achevé.

Il est cinq heures, je signe le bon à tirer qui permettra dans quelques jours son impression.

Les caractères granjon, les pages blanches et lisses me rappellent encore la beauté de votre nuque pâle, la douceur de vos cheveux. Le souvenir de votre parfum m'enivre.

A relire ces mots que le courrier emportera demain, mon âme frissonne en un dernier adieu.

Je me sens vide, las, seul, loin de Prague, loin de Paris, loin des miens, en marge de ma vie.

Le jour se lève, le vent de nuit est tombé. Une aurore rosée éclaire la colline, à l'est le lac étincelle. J'aime l'odeur paisible de l'aube, l'âme de la terre, le silence des amours anciennes, et toutes ces couleurs, clavier surprenant du souvenir, teintes furtives, retrouvailles.

Je n'ai plus sommeil. Je vais aller marcher dans le matin.

Je crois avoir fini de vous dire.

Je vous ai aimée.

DU MÊME AUTEUR

Je vais craquer, « Collection Mode d'emploi » (Flammarion) avec Henry Cuche

Le Guide des Psychotropes, « Collection Connaissance et Santé » (Denoël) avec Christian Gay

Angoisses : se soigner sans se droguer (First Document) avec Jean-Claude Bisserbe et Patrice Boyer

J'ai rendez-vous avec vous (Seuil) avec Monique Brémond

Cet ouvrage a été composé
et achevé d'imprimer
par l'Imprimerie Floch à Mayenne,
pour les Éditions Albin Michel
en décembre 1994.

N° d'édition : 14109. N° d'impression : 36648.
Dépôt légal : janvier 1995.

Imprimé en France.